PIGION 2000

SAUNDERS LEWIS
'Sefwch gyda mi . . .'

pigion 2000

Blas ar y sgrifennu gorau yn y Gymraeg

1. WALDO - *Un funud fach*
2. Y MABINOGION - *Hud yr hen chwedlau Celtaidd*
3. GWYN THOMAS - *Pasio heibio*
4. PARSEL NADOLIG - *Dewis o bytiau difyr*
5. DANIEL OWEN - *'Nid i'r doeth a'r deallus . . .'*
6. EIGRA LEWIS ROBERTS - *Rhoi'r byd yn ei le*
7. DIC JONES - *Awr miwsig ar y meysydd*
8. GWLAD! GWLAD! - *Pytiau difyr am Gymru*
9. CYNAN - *'Adlais o'r hen wrthryfel'*
10. ISLWYN FFOWC ELIS - *'Lleoedd fel Lleifior'*
11. KATE ROBERTS - *Straeon y Lôn Wen*
12. DEG MARC! - *Pigion Ymrysonau'r Babell Lên 1979-1998*
13. T.H. PARRY-WILLIAMS - *'Hanner yn hanner'*
14. LIMRIGAU - *'Ro'dd cadno yn ardal y Bala . . .'*
15. T. GWYNN JONES - *'Breuddwydion beirdd'*
16. O.M. EDWARDS - *'I godi'r hen wlad yn ei hôl'*
17. SAUNDERS LEWIS - *'Sefwch gyda mi'*
18. D.J. WILLIAMS - *'Hanes gwych ei filltir sgwâr'*
19. R. WILLIAMS PARRY - *'Rhyfeddod prin'*
20. GEIRIAU'N CHWERTHIN - *Casgliad o ryddiaith ysgafn*

Golygydd y gyfres: Tegwyn Jones
Cyhoeddwyr: Gwasg Carreg Gwalch
Pris: £1.99 yr un

pigion 2000

Saunders Lewis

'Sefwch gyda mi . . .'

Detholwyd gan Dafydd Glyn Jones

Golygydd y gyfres:
Tegwyn Jones

Argraffiad cyntaf: Gŵyl Ddewi 2000

Ⓟ *Pigion 2000: Gwasg Carreg Gwalch*
Ⓟ *testun: Mair Saunders Jones*

Rhif Llyfr Safonol Rhyngwladol:
0-86381-516-2

Cyhoeddir o dan gynllun comisiwn Cyngor Llyfrau Cymru.
Cynllun y clawr: Adran Ddylunio'r Cyngor Llyfrau.

Argraffwyd a chyhoeddwyd gan Wasg Carreg Gwalch,
12 Iard yr Orsaf, Llanrwst, Dyffryn Conwy.
Ffôn: 01492 642031
Ffacs: 01492 641502
e-bost: llyfrau@carreg-gwalch.co.uk
lle ar y we: www.carreg-gwalch.co.uk

Dymunir diolch yn ddiffuant i Dafydd Glyn Jones am baratoi'r detholiad a geir yn y gyfrol hon, ac am ei ddiddordeb caredig ynddi. Diolch hefyd i Mair Saunders am ei chydweithrediad ac am ei chaniatâd caredig i gynnwys y deunydd.

Cynnwys

Cyflwyniad

Gosodwyd y darn cywydd 'Senedd i Gymru' ar frig y detholiad bach hwn er mwyn i ddarllenwyr o Gymry gael gofyn eto, ar droad canrif ac mewn amgylchiadau newydd, yr un cwestiwn ag y buont yn ei ofyn byth oddi ar pan ddaeth enw Saunders Lewis gyntaf i'w sylw, bedwar ugain mlynedd yn ôl: a yw'r dyn hwn yn iawn, dywedwch? Yng Nghaerdydd fe gafwyd . . . rhywbeth. Nid Senedd mohono, ac ni chafodd gartref na chroeso ym Mharc Cathays. Ond fe'i henillwyd 'heb gyrchu o neb i garchar', a chan 'wên fêl yn gofyn fôt' – yn wir gwên prif weinidog Lloegr yn ymbil ar i'r Cymry dderbyn ganddo fesur bychan o gyfrifoldeb. Y mae, meddir i ni, Gymru Newydd. Pa mor berthnasol yn y Gymru hon yw taerni a dirmyg, difrifwch a dychan Saunders Lewis? A oes eco o gwbl bellach i'r anogaeth, 'Ati, wŷr ifainc'?

Do, fe newidiodd llawer. Wedi sicrhau'r sianel deledu drwy safiad Gwynfor Evans yn 1980 daeth pall sydyn ar genedlaetholdeb Cymreig fel ideoleg. Dros nos fe ymddangosodd rhywogaeth newydd o bobl, y cyn-genedlaetholwyr; ac fe'u ceir bellach, nid ymhlith gwleidyddion Llafur fel y bu'n arfer, ond yn rhedeg a gweinyddu sawl adran o'r bywyd trefnedig cenedlaethol Cymraeg. Clywsom fwy nag unwaith esboniad sinigaidd ar hyn, fod y dosbarth o Gymry proffesiynol a ymffurfiodd wedi'r Ail Ryfel Byd bellach wedi cael eu gwobr a'u gwala, ac nad oes dim i'w ennill iddynt mwy drwy ddilyn agenda cenedlaetholdeb. Rhaid caniatáu y gall fod llawer o wir yn yr esboniad hwn. Eto mae rhywbeth yn gyrru dyn i ymbalfalu am esboniad hanesyddol ehangach.

Fe ddiflannodd darnau o ddodrefn y byd y cododd Saunders Lewis i'w annerch, i'w feirniadu ac i'w herio. Er gwell neu er gwaeth, fe ddiflannodd yr Ymerodraeth Brydeinig, gan gwblhau'r broses a ddechreuwyd gan wrthryfel y Gwyddyl, Pasg 1916. Fe nychodd ac fe enciliodd ymneillituaeth Gymraeg, ac fe ddiflanna hithau os unir yr enwadau. Pabydd ar gyfer Cymru ymneilltuol fu Saunders Lewis, yn pacio ac yn postio ymaith ei becynnau o *Efrydiau Catholig* gan wybod i sicrwydd mai gweinidogion ymneilltuol a fyddai'n eu prynu bron i gyd. Rhyw fodd o geryddu ymneillituaeth a'i galw i gyfrif, weithiau drwy ei phryfocio, oedd cenedlaetholdeb Cymreig 1925-80. Diflannodd yn ogystal y bywyd meddyliol Cymraeg a oedd yn amgylchynu Saunders Lewis, llawer o hwnnw hefyd yn gynnyrch ymneillituaeth: cwynai ef yn aml fod y bywyd hwnnw'n dlawd, ond yr oedd yn frenin ar unrhyw beth sydd heddiw. Pa Gymry bellach sydd â'r adnoddau i gynnal y math o drafodaeth a gynhaliai W.J. Gruffydd ac yntau, Ambrose Bebb ac R.T. Jenkins yn y blynyddoedd rhwng y ddau ryfel?

Yng nghanol y trai a'r llanw a phob treigl a thro, fe saif un ffaith. Yr ydym ni, y Cymry Cymraeg, wedi goroesi'r ugeinfed ganrif, ac y mae hynny'n rhywbeth. Mae'r diolch, yn gyntaf oll, i bawb ohonom a arhosodd fwy neu lai yn ei unfan ac yn ei gynefin. Nid llawer i lawr y rhestr mae diolch i arweiniad Saunders Lewis. Drwy weithred Penyberth, er mai methu a wnaeth honno yn ei hamcan cyntaf, fe brynodd iddo'i hun fath o awdurdod moesol nad oedd gan neb arall, awdurdod a oedd yn cyfri yng ngolwg carfan fechan ond allweddol o'r gymdeithas. Yr awdurdod hwnnw a oedd y tu ôl i ddarlith *Tynged yr Iaith*, 1962. Heb y ddarlith honno a'i chanlyniadau byddem wedi darfod amdanom erbyn hyn. Ni byddai gennym mo'r nerth i sibrwd, heb sôn am floeddio canu, 'Ry'n ni yma o hyd'.

Mater bach fyddai casglu cyfrol o ddetholion yn dangos Saunders Lewis yn anghywir yn ei ddehongliad a'i ragwelediad. Byddai'r un peth yn wir am bob un a ymyrrodd â gwleidyddiaeth, hyd yn oed y mymryn lleiaf. 'Mor neis' – a dyfynnu'r darn cywydd – petai'n harwyr a'n proffwydi i gyd yn iawn ar bob pwnc, bob amser. Fel am bawb a fu am gyfnod hir yn dweud ei feddyliau ar goedd, cawn ein hunain yn gofyn a fu ef yn anghyson, neu faint a newidiodd ar ei feddwl. Detholwyd ambell eitem yn y casgliad hwn yn unswydd er mwyn codi cwestiynau felly. Beth am eitemau 60 a 62 er enghraifft? Ac mae yma ddigon y caiff y darllenydd anghydweld ag ef, os myn.

Ceisiwyd cynrychioli yma beth o helaethrwydd ac amrywiaeth gwaith llenyddol Saunders Lewis, yn ddramâu, cerddi, storïau ac ysgrifau beirniadol a pholiticaidd. Druan â ni os na allwn bellach ymateb o gwbl i'w rethreg fawrfrydig, ei hiwmor sardonig a'i ddychan maleisus. Gadawodd inni agenda ar ei hanner: ennill gwir ymreolaeth ('rhyddid', fel y diffiniodd ef yn 1926); diogelu a gorseddu'r Gymraeg; creu dosbarth proffesiynol sefydlog, hyderus, teyrngar; ail-greu bywyd meddyliol drwy sefydlu prifysgol Gymraeg neu rywbeth cyfatebol. Clöir y detholiad â chlamp o ystrydeb, ond beth fwy addas? Fel y dywedwyd unwaith am un arall o arweinwyr ein cenedl:

Erys ei her i'r oes hon.

1. Senedd i Gymru

Mor neis fai cael drwy ddeiseb
neu siawns S.O. Davies, heb
gyrchu o neb i garchar
na baw gwaed, ond wyneb gwâr
a gwên fêl yn gofyn fôt,
senedd, Barc Cathays, ynot,
senedd fel dy Deml Heddwch
i rawt cachaduriaid trwch
Cymru boluglot flotai,
nasiwn ben ôl Ness, neb a Nye.

2. Rhybudd ar ganol canrif

Onid yw'n eglur mai ymgyrch eithafol
benderfynol i roi i'r Gymraeg yn ebrwydd statws a
swyddogaeth a bri a pharch yng Nghymru yw'r
angen presennol? Mae'n bwysicach hyd yn oed
na'r angen am senedd. Canys heb hynny byddai
senedd Gymreig yn gynhadledd o arweinwyr
llyfrion, pathologaidd, yn ymddwyn mor egnïol â
chyngor sir neu bwyllgor addysg.

'Y Gymraeg yng Nghymru a'r Ysgol', 1951

3. Awydd mawr

Yr oedd gen i awydd, nid awydd bychan, awydd mawr iawn i newid hanes Cymru. I newid holl gwrs Cymru, a gwneud Cymru Gymraeg yn rhywbeth byw, cryf, nerthol, yn perthyn i'r byd modern. Ac mi fethais yn llwyr.

'Dylanwadau', 1961

4. Cyngor tad

'Rwy'n cofio pan o'wn i yn y Brifysgol yn Lerpwl, bod dadlau ar ryw fater neu'i gilydd gyda 'nhad. Ac yn sydyn fe droes fy nhad ata' i ac fe ddwedodd: ''Drychwch chi, Saunders,' medda fo, 'ddaw dim byd ohonoch chi nes dowch chi 'nôl at eich gwreiddiau.' A dyna un o'r pethau personol a ddwedwyd wrthyf fi gan fy nhad yr ydw' i'n eu cofio nhw yn fyw iawn hyd heddiw.

'Dylanwadau', 1961

5. Un wedd ar lencyndod

Ceisiaf ddweud yn gynnil am brofiadau a gefais rhwng dwy ar bymtheg oed ac un ar hugain. Awn allan ar brynhawniau Sadwrn i'r wlad. Cornel o wastadedd anhynod ac anenwog y Wirral oedd fy ngwlad. Gallwn dramwy o bentref hen-ffasiwn Wallasey i lawr at lan y môr hyd at Leasowe a Meols, a throi i mewn tuag at Woodchurch neu Moreton, ac yn ôl drwy Bidston, lle yr oedd bryn amlwg a choedwig ac arsyllfa ystronomïwyr. Dywedir wrthyf mai maestrefi poblog yw'r ardaloedd hyn heddiw. Nid af i gael gwybod. Arhosant yn fy nghof yn bentrefi cysglyd a doldiroedd eang o'u cwmpas, a'r môr gerllaw. Rhaid mynd hyd at ymyl y môr i'w weld, neu fynd i ben bryn Bidston.

Er mor anhynod y wlad, rhoddai inni siou fawreddog yn ymachlud yr haul. Y mae'r ymachlud dros wastadedd eang o dir a môr yn wahanol i'r ymachlud yng Nghymru lle y bydd mynyddoedd y tu cefn i'r sylwedydd. Ym Moreton cyrhaeddai'r ymachlud o'r gorllewin hyd at y dwyrain wybrennol pell. Meddiannai'r ffurfafen a'r gwastadedd, dir a môr. Cofiaf y troeon cyntaf iddo feddiannu a llethu f'ysbryd innau tra rhodiwn dano. Gyrrai fi i ddistawrwydd dieithr. Yr oeddwn yn rhodio mewn eglwys.

Pen bryn Bidston oedd y man mwyaf manteisiol i wylio lledu'r ymachlud. Arhoswn yno oni throesai pob coch yn borffor, a'r gwyrdd wedi diflannu, a'r sêr yn ymddangos. Gorweddwn yn llonydd un tro i wylio'r ffurfafen. Disgynnodd llwyd y berth ar fy nglin a sefyll yno. Rhoes hyn safon o lonyddwch imi. Deuthum yn gynefin â chael adar yn disgyn ar fy ysgwydd neu ar fy nglin. Ni ddaeth aderyn erioed ar fy llaw nac ar fy wyneb.

Er mwyn bod yn llonydd rhaid wrth hir ddistewi gyntaf. Ar y dechrau yr oedd hynny'n anodd. Fy arfer wrth droi allan i'r wlad oedd adrodd wrthyf fy hun neu geisio cyfansoddi cerddi. Bu raid peidio. Yr oedd yn anhepgor cadw'r gwefusau'n fud a chadw'r meddwl yn wag o feddyliau bywiog. Y dull hawsaf i wneud hynny oedd rheoli'r anadl wrth gerdded, anadlu'n hir ac yn araf. Ymhen milltir o gerdded felly, treiddiai mudandod y tir i mewn i'r meddwl. (Darllenais yn ddiweddarach fod Richard Jeffries wedi darganfod techneg gyffelyb.) Ni allaswn siarad nac yngan dim wedyn pes dymunaswn. Cerddwn ar laswellt ymylon y ffordd. Yr oedd swn fy nhroed ar gerrig yn rhwystr. Ond yr oedd rhin yn seiniau isaf dail a glaswellt, ac yn swn buwch yn pori yn y nos.

Nid oeddwn yn naturiaethwr. Ni wyddwn enwau ond y mwyaf cyffredin o'r blodau a'r adar a'r coed. Hyd yn oed yn awr byddaf yn eu dysgu o newydd bob gwanwyn gan fy ngwraig, sy'n eu hadnabod hwy oll a'u tylwythau. Nid ymddiddorwn ychwaith y pryd hynny mewn golygfeydd. Sorrwn wrth lenorion Saesneg a gymharai olygfeydd â'i gilydd a chwilio am ysblanderau yn yr Alpau neu yn yr Eidal. Yr oedd boncyff pîn, neu laswellt yn ymdonni dan awel ar lawnt gefn y tŷ, yn ddigon gennyf i, yn anhraethadwy. Nid golygfeydd natur a fynnwn, eithr clywed anadl y pridd.

Cerddwn felly gan ymddistewi. Yr oedd yr ymddistewi disgybledig yn dwysáu'n rhyfedd yr ymdeimlad o egni byw. Mynd i mewn i lwyn o goed neu gae a gorwedd ar y glaswellt. Deuai arnaf ansymudrwydd pren. Byddwn yn gwbl effro heb symud gewyn. Ni chollais ymwybod erioed yn y cyflwr hwnnw. Ni chefais erioed brofiad abnormal. Deuai gwartheg i'm ffroeni, un ar ôl y llall, a thynnu'n ôl yn sydyn pan glywent fy anadl, ac yna ddychwelyd i ailchwilio'r boncyff od.

Treuliais aml noson yng nghoedwig Bidston. Cerddais yno un noswaith yng ngolau'r lleuad. Adeg y gwanwyn ydoedd. Ni fedraf ddisgrifio mewn geiriau fel y daw gwawr a dydd i'r coed. Ceir ym 'Murmuron y Fforest' Wagner atsain o'r profiad. Cyn i'r haul ymddangos cerddais drosodd i Leasowe ac ymdrochi yn y môr. Cychwyn wedyn tuag adref. Ar ddarn o gomin gerllaw castell Leasowe eisteddai geneth o sipsiwn ar stôl. Gorweddai lliain ei gwallt ar fraich ei mam a oedd yn ei gribo â'i llaw rydd. Yr oedd fel mantell ar ei braich, lath oddi wrth iad y ferch. Gwaeddasant i'm cyfarch, gan dorri ar ddistawrwydd deuddeg awr a'i droi'n llawenydd boreol, ysgafn.

Yn Grantham, yn swydd Lincoln, y cefais yr

17

olaf o'r profiadau hyn. Buasem ar daith, *route march*, drwy'r bore a'r prynhawn. Mis Mehefin oedd hi a'r dydd eto'n hir. Euthum filltir o'r gwersyll a gorwedd mewn cae. Daeth yr ansymudrwydd cynefin drosof. Disgynnodd mwyalchen ar ben fy nglin a daeth y defaid chwilmantog i'm ffroeni. Yr oeddwn yn troi yn y gwagle, yn rhan ymwybodol o'r ddaear. Dychwelais i'r gwersyll a chlywed fy nwrdio am fod hir chwilio amdanaf. Daethai fy nghomisiwn i fod yn swyddog a rhaid imi fod yn Llundain y noson honno. Ni chefais y profiad yn ei gyfanrwydd erioed wedyn.

6. Pobl hen a phobl newydd

ARTHUR: . . . Luned, mae gan gariad hawl dros bob dim. Cariad yw bywyd, cariad yw'r dyfodol; gwrthod cariad yw gwrthod cyfrifoldeb.

LUNED: Mae gennyf fi gyfrifoldeb arall. Yr wyt ti'n rhoi pris mawr ar fywyd. Ond fe ddysgodd rhai o'm hynafiaid i daflu eu bywyd ymaith fel petai ond peth bychan. 'Chaiff bywyd ddim gormesu arnaf finnau.

ARTHUR: Beth a fynni di ynteu?

LUNED: Dioddef gyda'm gwlad.

ARTHUR: Beth a wnei di i'th wlad yn America?

LUNED: Gweini ar fy rhieni yn eu halltud. Gwasanaethu fy nghenedl drwyddynt hwy.

ARTHUR: Ond beth wedyn? Mae dy dad a'th fam yn hen, Luned, beth wedyn?

LUNED: Dyna'r gwahaniaeth rhyngom ni, Arthur. Pobl newydd ydych chi, yn edrych ymlaen o hyd, yn gobeithio. Ond yr wyf fi yn perthyn i bobl hen iawn; mae fy ngwreiddiau i yn ôl yn y gorffennol. A 'does gan obaith ddim rhan yn fy null i o fyw. 'Dwyf i ddim yn ofni nac yn gobeithio bellach. Mi fyddaf yn grwydryn fel meibion Gruffydd ap Rolant. Mi wnaf fy mywyd yn allor i atgofion fy nghenedl. Mi fyddaf yn lleian i'm gwlad. Ac fe fydd fy nheulu farw gyda mi, ond yn marw heb fradychu eu delfrydau na'u traddodiad.

Gwaed yr Uchelwyr

7. Mân foneddigion

Dirmygodd rhai beirniaid foliant y beirdd i'r 'mân foneddigion' a rhoesant arlliw gwawd ar yr ansoddair unsillaf. Ni ddylid hynny. 'Mân foneddigion' oedd rhan helaeth o boblogaeth Cymru yn y cyfnod Cymreig, a phan frysiwyd eu dinistr hwy darfu am oes aur ein llenyddiaeth.

Braslun o Hanes Llenyddiaeth Gymraeg

8. Athroniaeth pendefigaeth

Ond y mae un gwaith arbennig, yr olaf o ganeuon teulu'r Tywyn, y cywydd i Rys ap Rhydderch ap Rhys, sy'n cynnwys ffrwyth addfetaf hir fyfyrdod Dafydd Nanmor ar athroniaeth pendefigaeth. Y mae hwn yn un o ganeuon mawr y bymthegfed ganrif, ac felly'n un o gampweithiau pennaf yr iaith Gymraeg. Ynddo ceir holl ffilosoffi'r bardd mewn cypledau tawel, pwysfawr, ac ambell air, megis y gair cyntaf yn y bedwaredd linell, ac ynddo ddyfnder môr o feddwl. Ni allaf godi'r cwbl yma, ond rhoddaf yr hanner cyntaf, ac fe gais pawb a garo farddoniaeth y gweddill:

Rys, wyd flodeuyn rhos haf,
Ŵyr Rys, nid o'r rhyw isaf.
O fonedd y'th sylfaenwyd,
Aberth holl Ddeheubarth wyd;
Tref tad a chartref wyt ynn,
Troed deau tir y Tywyn.
Tyfu'r wyd fel twf yr onn
O fagad pendefigion;
Ni thyf, mal gwenith hafaidd,
Brig ar ŷd lle ni bo'r gwraidd;
A dyfo o bendefig
A dyf o'i wraidd hyd ei frig.
Da yw'r haf, pan rodio'r hydd,
I'r gwenith ac i'r gwinwydd, –
Da i ŵr o ryw ei daid
Ei wneuthur o benaethiaid.
Ni bu le, hyd na bai lân,
O lyfr Efengyl Iefan, –
Llai a roed, yn y lle'r oedd,
O frychau i'th lyfr achoedd.
Yr hydd a gynnydd ei gyrn, –
Y gwaed da a fag tëyrn;
Bonedd, mal etifedd maeth,
A fag y bendefigaeth.
Dwyffrwd ynghanol dyffryn
A wna llif o fewn y llyn, –
Ystad o'r tad it' a aeth,
A bonedd a'th wna'n bennaeth.

Y mae ambell waith celfyddyd yn symbol o wareiddiad cyfan, ac fe erys, wedi y diflanno'r oes a'i cynhyrchodd, yn ddarlun o orau dysg a dyhead yr oes honno. Felly yn y cywydd hwn fe welir beth oedd delfryd yr hen bendefigaeth Gymreig a'i syniad am fraint a chyfrifoldeb bonedd. Y mae yng ngwaith Dafydd Nanmor, megis y mae yng ngweithiau holl brif feirdd y byd, gysondeb meddwl a mawredd moesol.

'Dafydd Nanmor', 1925

9. Dynoliaeth a bonedd

Canys yn rhan gyntaf llyfr Mr Vaughan ceir darlun o'r hen ysweiniaid Cymreig a dynnwyd gan law cariad. Yr oedd y dynion hyn, yn wŷr a merched, yn rhai hoffus, a chanddynt ddynoliaeth a bonedd. Gwyn ei byd y wlad a'i pioedd. Yr oedd ganddynt gymeriad, sythder, iechyd, mwynder. Yr oeddynt hefyd yn eu dull yn wlatgar, a meddent yn eu dull ar draddodiad. Megis pob dyn y bo ganddo fonedd, fe fagent hwythau falchder a moesgarwch nid yn unig yn eu teuluoedd, eithr yn eu gweision a'u deiliaid. . . . A dyna'r amddiffyniad politicaidd gorau sy'n bosibl i'r hen ysweiniaid, sef eu bod yn parchu personoliaeth. Ac nid wyf yn amau na bu cryn dipyn o falais a chamliwio yn yr ymosod a fu arnynt yn y ganrif ddiwethaf. Diau fod yn llyfr Mr Vaughan ragfarn o'u plaid, a bydd hynny'n help i gywiro'r hen ragfarn yn eu herbyn. Wrth imi ddarllen y llyfr hwn mi ymhoffais fwyfwy yn y cymeriadau praff ac unplyg a ddisgrifid. Mwy nag unwaith fe'm hatgoffwyd am ddisgrifiad Gerallt Gymro o nodweddion yr hen Gymry gynt. Colled i unrhyw wlad fyddai colli'r cyfryw rai.

'Trasiedi', 1926

10. Priodas gyntaf Ann

[Nid oes neb o staff Presaddfed eto'n gwybod fod Syr John Bulkeley y bore hwn wedi priodi Ann, y forwyn fach.]

SYR J.: Walter, wnei di alw'r holl forynion a gweision sy o fewn cyrraedd i ddwad yma ar unwaith.

WALTER: I'r *drawing-room*, syr?

SYR J.: Ie.

(Saif WALTER am funud gan edrych yn hurt, yna mynd. Cymer ANN ei lle wrth ochr ei gŵr a'i llaw yn ei fraich ef. Daw MRS ROBERTS a LOWRI a morynion eraill a gweision o'r ardd a'r stablau a chasglu gyda

WALTER yn glwstwr a moesymgrymu a chyrtsio. Yna'n sydyn gweld ANN.)

MRS R.: Ann! Ann bach!

(Y mae pawb yn anghrediniol yn gweiddi 'ANN'! Cyfyd SYR JOHN ei law i gael tawelwch.)

SYR J.: Mrs Roberts a'r lleill ohonoch, fy nheulu i yma ym Mhresaddfed, mi welwch be sydd wedi digwydd. Mi briodais i'r bore yma un o'ch plith chi. Hi rwan ydy Ledi Bulkeley a meistres y tŷ yma. Mae hi am i mi ofyn i chi i gyd a wnewch chi ei derbyn hi'n feistres ac aros yn ei gwasanaeth hi, neu a ddymunwch chi roi notis rwan a madael.

(Mae'r staff oll yn amneidio at MRS ROBERTS i siarad.)

MRS R.: Syr John, rydw i'n gweithio yn y tŷ yma er pan fu farw eich mam chi. Rydw i'n mynd yn hen, ond aros yma wna i tra caf i. Mi gefais i Miss Ann Thomas yn ferch annwyl a nobl, ac mi fydd yn dda iawn gen i, a chan bob morwyn yn y tŷ, aros yma i wasanaethu Ledi Bulkeley.

STAFF: Clywch! Clywch!

WALTER: Ga' innau ddweud dros y gweision, syr,

ein bod ni'n eich llongyfarch chi. Hir oes ac iechyd i Syr John a Ledi Bulkeley!

STAFF: Hir oes a llawenydd!

Dwy Briodas Ann

11. Clasuraeth a rhamantiaeth

Am hynny, nid peth gwrthwyneb i ramantiaeth yw clasuraeth, ond peth sy'n ei gynnwys mewn cyfuniad llawnach a dyfnach. Gwir gyfrinach mawredd Pantycelyn yw iddo ef drwy ei oes ymgyrraedd tuag at y llawnder hwn: tyfu o'i ramantiaeth gynnar i letach amgyffred o ystyr bywyd a byd a chymdeithas. Coron i'w hennill yw clasuraeth yn y byd modern, a rhaid ei hennill o newydd yn gyson. Gofyn hynny inni symud mewn dau fyd a'u hadnabod yn un. Gofyn inni gydnabod sylwedd y byd gwrthrychol y tu allan a'i hawl arnom, a'r un pryd arffolli'r profiad mewnol a'n chwilio'n hunain fwyfwy. Dyna rhythm y bywyd clasurol, sy'n galetach disgyblaeth na balchder rhamantiaeth. Y mae'n gamp foesol. I greu llenyddiaeth ragorach, meddai Goethe, y gamp yw perffeithio'r enaid.

Williams Pantycelyn

12. Y gwir ramantydd

Ond y mae un gwahaniaeth go bwysig hefyd rhwng Eluned a thelynegwyr rhamantaidd ei hoes yng Nghymru. Rhamantiaeth lenyddol oedd eu rhamantiaeth hwy. Barddoniaeth Saesneg oedd eu prif ffynhonnell. Perthynent i gyfnod eithaf y traddodiad rhamantaidd. Un o nodweddion pwysig gwawr a bore rhamantiaeth yn Ewrop oedd fod ei blaenoriaid yn byw *bywyd* rhamantaidd, bywyd o antur ac alltudiaeth, o beryglon ac unigedd dieithr a phell. Chateaubriand yn yr Amerig; Victor Hugo yn alltud ar ei ynys; Byron yn marw yng Ngroeg a Shelley yn yr Eidal; Berchet yn ffoadur drwy Ewrop a Foscolo yn marw mewn tlodi yn Llundain ar herw rhag Awstria; Pantycelyn a Harris yn mentro einioes yn erbyn tyrfaoedd cynddeiriog yng Nghymru. Ac y mae hynny yn *hanfodol* i ramantiaeth gyflawn a bywiol. Yr oedd rhamantiaeth yn ei bore gwyrthiol ac iach yn ddull o fyw, nid yn rhan o freuddwyd swyddog yn y gwasanaeth sifil.

Yn ein hoes ni Eluned Morgan oedd yr unig lenor rhamantaidd cyfan a chywir o'r dull hwn mewn llenyddiaeth Gymraeg.

'Eluned Morgan', 1939

13. Dianc i briodi

Tipyn cyn pump o'r gloch y bore, yn araf ac mor ddistaw ag y gellid ar gerrig anwastad y stryd, aeth ef a'r gaseg i lawr heibio i'r siop a throi i'r lôn gul lle ni chlywid sŵn y pedolau yn y llaid. Yr oedd y gwynt hefyd yn boddi sŵn y gaseg. Closiwyd at ymyl y tŷ dan y bargod a'r ffenestr. Agorodd y ffenestr heb dwrw a thaflodd Sarah sypyn lliain o ddillad iddo i'w glymu ym mhoced y cyfrwy. Safodd ef yn y gwarthaflau a chodi ei freichiau hyd ati. Gwyrodd hithau dros arffed y ffenestr nes bod ei harddyrnau yn ei ddwylo ef. Yna ymollyngodd a disgyn. Yr oedd ei nerth corff enwog yn gaffaeliad iddo'n awr: tynnodd ef hi'n dynn at ei ystlys. Trefnodd y glustog iddi yn ei sgîl. Ni bu gair rhyngddynt. Symudodd y gaseg yn ofalus i fyny at y sgwâr a throsodd at y ffordd fawr tua'r deau. Wedi disgyn o'r dref a gadael y tai o'i hôl torrodd i duth ysgafn a llyfn. Yr oedd Sarah er ei gwendid yn hapus ar gefn ceffyl a chyrhaeddwyd Corwen er gwaetha'r gwynt yn ddianaf a phrydlon. Priodwyd hwynt heb ond dau, John Roberts a Margaret Edwards, yn gynulleidfa ac yn dystion.

Merch Gwern Hywel

14. Dy chwaer angau

BLODEUWEDD:
    'Fedra' i mo'th ddeall;
    Mae meirch yn aros eto wrth y porth
    A rhyddid yn y warthol. Pam nad awn?

GRONW PEBR:
    Yma mae rhyddid, yma gyda thi.

BLODEUWEDD:
    Fel gwin i'm calon yw dy 'gyda thi';
    Ofnais gynnau, Ronw; gwelaf yn awr –
    Marw ym mreichiau'n gilydd yw dy ryddid
    A chloi neithior o fyw â her i'r drefn.

GRONW PEBR:
    Nid yn dy freichiau di y mae fy rhyddid,
    Ond edrych arnat ti a'm tranc wrth law
    A hoffi dy chwaer angau yn fwy na thi.

BLODEUWEDD:
    Fy mwrw i heibio, ai e? Rhoi arnaf i
    Dy hudo'n llofrudd? Erfyn ar y Llew
    Mai o ystryw gwraig y gwnaethost ti a wnaethost?
    Ai felly cei di ryddid, fy Ngronw pefr?

GRONW PEBR:
   'Raid iti ddim dychryn. Nid dy angau di
   A roddai i mi einioes. Byr funudau
   Sydd imi mwyach, wraig, a daw dy ŵr,
   A daw i minnau farw. Dewisaf hynny,
   A'r dewis hwnnw yw fy rhyddid oll.

Blodeuwedd

15. Unffordd afon

   Mae ffordd yn ôl i Benllyn;
   'D yw tynged dyn ddim megis unffordd afon
   Neu ferch a wnaed o flodau. Gelli ddewis.

Blodeuwedd

16. Lloyd George ac afon Hafren

[Yr oedd Ll.G. wedi cymharu ei yrfa ei hun â chwrs afon Hafren, ac wedi dweud na allai neb 'ragweled cwrs ei yrfa yn y byd mwy nag a allai'r afon'.]

Y mae dyn yn fod cyfrifol. Y mae ganddo ewyllys rydd. Gall ddewis y ffordd anodd mewn bywyd yn gystal â'r ffordd hawdd. Fe all ddewis, a rhaid iddo ddewis. Y mae'r dyn sy'n gwrthod dewis ac yn edrych arno'i hun fel afon, y mae hwnnw yn ddyn colledig, canys collodd hanfod ei ddynoliaeth. 'Ymgolli yn y môr' y mae Hafren; ond nid yw afon yn esiampl gymwys i fywyd dyn, ac nid yw dyn 'yn llaw Duw' megis y mae afon . . .

'Gobeithiaf,' ebr ef wrth dewi, 'gael gorwedd ym mynwes Cymru.' Gwell gennym ni ddynion a fynn fyw a gweithio dros Gymru na'r *cynic* sentimental a fynn ddyfod yn ôl ati i'w gladdu. Y drwg a wnaeth ac a wna Mr Lloyd George i Gymru yw ei thrin hi fel cerlyn a'i maldodi hi ag anwiredd ei huodledd. Fe haedda ei gyffes gondemniad. Y mae rhywbeth arswydus yn y syniad mai dyna gynhaeaf deugain mlynedd o brofiad mewn bywyd gwleidyddol.

'Cyffes Mr Lloyd George', 1930

17. Breuddwyd bachgendod

Purion yw sylwi ar bwynt arall. Ni dderbyniodd Masaryk erioed swydd gan lywodraeth Awstria. Cydnabyddid mai ef oedd gwleidydd a dadleuydd cryfaf y senedd, a phes mynasai odid na chawsai, ie, y swydd uchaf oll yn y wladwriaeth. Y fath 'godiad arall i Tsec' a fyddai hynny! Mab i werinwr distadl o'r wlad fechan ddistadlaf yn yr ymerodraeth yn codi i lywyddu ar benaethiaid a llywodraethwyr teyrnas fawreddog. Tybed nad yno, ac ef yn Brif-weinidog, y gallai ef orau wasanaethu Bohemia fechan, rhoi swyddau a safleoedd i'w gyd-genedl a llefaru iaith y Tseciaid ym mhalasau Fienna? Deallodd Masaryk mai celwydd oedd y cwbl. Trwy foddion felly ni wasanaethai ef neb na dim oddieithr ei uchelgais a'i falchder ei hun. Nis prynwyd ef, nis llygrwyd ef. Ni fradychodd weledigaeth ei ieuenctid. Beirniad llym a di-droi'n-ôl a fu ef hyd at 1914 ar lywodraeth Awstria. O safbwynt Bohemia, ac o safbwynt Ewrop, beirniadodd a fflangellodd hi.

Yna, yn Awst, 1914, fe drawodd y gloch. Cyhoeddodd Awstria ryfel. Dan sistem orfodol yr ymerodraeth galwyd ar feibion Bohemia i ymuno â'r fyddin. Ufuddhasant. Gwelodd Masaryk ddyfod yr awr dyngedfenedig. . . .

Yna y lluniodd Masaryk y ddyfais syfrdanol a brofodd i'r byd rym ei ewyllys a'i hawl i'r cwbl a ofynnai yn enw Bohemia. Arweiniodd ei fyddin fechan ar droed drwy Rwsia, drwy Siberia, drwy Sina, i Fladifostoc. Croesodd y môr i'r America, tros gyfandir America i fôr y Werydd, drosodd wedyn i Ffrainc. Yng ngwanwyn 1918 yr oedd byddin Bohemia yn ymladd ochr yn ochr â Ffrainc yn erbyn yr Almaen. Yn Rhagfyr 1918 disgynnodd Thomas Masaryk ar lwyfan stesion Praha yn llywydd gwladwriaeth annibynnol Tseco-Slofacia. Y mae ef yno heddiw ym Mhraha, yn byw yng nghastell hen frenhinoedd Bohemia gynt, yn symud fel tad ymysg ei bobl, yn bedwar ugain oed. Y mae'r llanc a fu'n gapten y bechgyn Tsecaidd yn ysgol ramadegol Brno, heddiw yn gapten ei genedl. Peth dedwydd yw cyflawni mewn henaint freuddwyd bachgendod.

'Thomas Masaryk', 1930

18. Y ffordd ganol

HUW HUWS: Y ffordd ganol amdani bob amser, Mr Jones. Dyna'r ffordd i lwyddo. 'Rŷch chi'n sefyll ar drothwy'ch gyrfa. Dyna'r ffordd! Rhodiwch ynddi, yr unig ffordd i ddyrchafiad mewn byd ac eglwys. Excelsior!

Excelsior

19. Os etholir fi . . .

Yr wyf yn fy nghynnig fy hun yn ymgeisydd seneddol i etholaeth y Brifysgol, 'ar gais llu o gyfeillion' fel y dywedir ar y cyfryw amgylchiadau, sef myfi a T. Huws Davies a photel o sieri rhyngom . . . A dyma ichwi addewid: os etholir fi i'r senedd

mi dreuliaf fy oriau pan fydd Lloyd George yn
llefaru, yn sgrifennu Act III 'Blodeuwedd'.

Llythyr at Kate Roberts, 1931

20. Tro ar fyd

*[Seiliodd S.L. yr hanesyn hwn, gan ei addasu'n eofn
iawn, ar adroddiad gan ei daid, Owen Thomas, yn ei
gofiant i John Jones Talsarn. Disgrifiad ydyw o'r ffair yn
y Maes Glas, Abertawe, 1827. Yn un cwr i'r maes mae'r
ddau hen gerddor, Dic Siôn Siâms a Dic Dywyll, yn
cyfeilio i dwmpath dawns. Yn y cwr arall y mae John
Jones yn pregethu o ffenestr.]*

Ni chlywid un llais o'r ffair. Peidiasai'r dawnswyr
olaf. Ond plygai Dic Siôn Siâms dros ei ffidil a
pharhau i ganu â'i lygaid wedi cau, wedi ymgolli
ym mhereidd-dra hen alawon Morgannwg. Yr
oedd gwên ar enau lluniaidd Dic Dywyll. Ni
wyddai'r naill na'r llall mai cyfeilio i ddawns a
ddarfu a wnaent, i ddawns y gorffennol.

Cododd y ffidler ei lygaid. Gwelodd y twmpath
dawnsio yn wag. Gwelodd y dorf dan ffenestr y
pregethwr. 'Dic,' meddai Dic Siôn. 'Mae dawnsio
Morgannwg ar ben.' Cymerodd ei ffidil yn ei ddwy
law, ac ag un ergyd o dor-calon, holltodd hi ar
draws ei lin. Yn dawel iawn fe wylodd y ddau hen

ŵr.

Felly cafodd John Jones Talsarn, John Jones Llanllyfni'r pryd hynny, ei fuddugoliaeth fawr yn Abertawe.

'Ffair Abertawe', 1955

21. Cadw seiat

Mewn paragraff maith fe geisiodd Williams droi pob math o gyfarfod y ceir hanes amdano yn y Beibl yn enghraifft gynnar o Seiat, ond yn y diwedd ei wir ddiffyniad yw bod Seiat yn angenrheidiol: 'Pe bai heb un instans nac esiampl o'r Hen Destament na'r Newydd i'w gael, mae buddioldeb y fath gyfarfodydd ynddo ei hunan yn ddigon i gadarnhau eu bod wrth feddwl Duw.' Dyna'r diheurad gorau; canys wedi dwy ganrif o ddrysni a difrawder, pan gynhyrfwyd y Cymry unwaith eto gan brofiadau crefyddol, bu'n rhaid er mwyn iechyd meddwl dynion a'u harbed rhag gwallgofrwydd, atgyfodi mewn rhyw fodd gyffes yr eglwys Gatholig, a dyna oedd y Seiat.

Williams Pantycelyn

22. Seiat a salon

Y darnau gorau o'r *Dreflan* yw'r penodau a ddisgrifia liaws o gymeriadau yn cyfarfod â'i gilydd i ymddiddan neu ddadlau. Y mae'r Seiat yn hanfodol i Ddaniel Owen ac i'w holl nofelau. Nid cyffesgell Pantycelyn yw ei seiat ef. Pell yw ei oes ef oddi wrth angerdd y Diwygiad. Yn nofelau Daniel Owen yr un gorchwyl sydd i'r seiat ag y sydd i'r bwrdd cinio yn nofelau Meredith neu'r salon yng ngwaith Marcel Proust. Hynny yw, y mae'n gyfle ymddiddan dan argraff rheolau traddodiadol. Yn ymddiddan trefnus y seiat cafodd Methodistiaid Cymru yn y bedwaredd ganrif ar bymtheg y peth tebycaf a allasai fod yn eu bywyd hwy i seremoni salon gwraig fonheddig ym Mharis. Gallai gwerin gwlad siarad yn seremonïol a naturiol yno, a hynny heb esiampl pendefigaeth i roi safon iddynt yn eu hiaith; bu'n ysgol mewn moes ac mewn gwareiddiad i Gymru.

Daniel Owen

23. Dwy grefydd wahanol

JOHN: Pedwar ddaeth i'r seiat. Huw Wirion yn un; John Evans sy dros ei bedwar ugain; a'r ddwy hen ferch Jane a Chathrin. Dydyn hwythau ddim fel pawb.

DORA: Dim un blaenor?

JOHN: Dim un.

DORA: Be wnaethost ti?

JOHN: Cadw dyletswydd, a darfod mewn deng munud.

DORA: Os felly mae'n ddrwg gen i imi golli.

JOHN: Rwyt ti bob amser yn hoffi'r pethau teuluaidd.

DORA: Wyt ti'n cofio'r wythnos honno o wyliau gawson-ni gerllaw Dulverton y gwanwyn ar ôl inni briodi?

JOHN: Ydw'n dda iawn. Wythnos o bysgota heb ofal yn y byd. Beth amdani?

DORA: Mi ddaeth i'm meddwl i rwan fel yr oedd pob dyn byw yn y pentre hwnnw nos Sadwrn yn chwil feddw.

JOHN: A'r gwragedd yn casglu eu gwŷr o'r tafarnau i'w tywys nhw adre'n saff am ddeg o'r gloch. Roedd hi'n olygfa ryfedd a digri, am wn i yn fwy digri na thrist.

DORA: A'r bore wedyn, bore Sul, mi es i i eglwys y plwy i wasanaeth y bore.

JOHN: Rydw i'n cofio hynny hefyd. Mi es innau am dro ar hyd glannau'r afon Exe a gweld y samwn mwya a welais i erioed yn nofio mewn afon, brenin yr eogiaid.

DORA: Roedd yr afon yn llawnach na'r eglwys. Doedd neb byw yn y gwasanaeth ond y ficer a'r clochydd yn porthi a minnau fy hunan yn gynulleidfa.

JOHN: Lloegr wledig, welwch chi. Mae pentrefi bychain y wlad yn sir Defon yn rhyfeddach na dim yng Nghymru, yn fwy hynafol.

DORA: Mi sgwrsiais i wedyn gyda'r ficer. Roedd o'n berffaith hapus, yn mynd adre'n llawen. Roedd y gwasanaeth wedi ei gynnal. Roedd yr addoliad wedi ei dalu dros y plwy i gyd, er nad oedd ond tri yno. Offrymu'r addoliad yn gyson dros y plwy oedd yn bwysig. Ddychmygodd o ddim am eiliad fod yn rhaid iddo fo roi'r eglwys i fyny ac ymddiswyddo am nad oedd neb o'r wardeiniaid yno, neb ond y clochydd hanner cysgu a minnau.

Cymru Fydd

24. Fi ydy Cymru Fydd

DEWI: Rwyt ti'n dy gysegru dy hun i bethau sy'n farw neu ar farw. Duw, crefydd, eglwys neu gapel, Cymru, yr iaith Gymraeg, – dyna dy fyd di. Cred di fi, mae Capel Celyn dan y dŵr yn ddameg o dynged Cymru a'i holl gapeli.

BET: Fedra i ddim gwadu mai dyna'r perig. I mi hefyd llwfrdra Cymru, nid Corfforaeth Lerpwl, fradychodd Gapel Celyn. Ond wedyn . . . beth ydy dy ddewis dithau?

DEWI: Be sy'n aros i ddyn heb genedl, heb ddim i gredu ynddo, heb ddim i fod yn ffyddlon iddo?
BET: Dim i fod yn ffyddlon iddo?
DEWI: Does dim ond unpeth yn aros heblaw Comiwnyddiaeth, – fo'i hunan. Fedra i ddim troi'n gomiwnydd. Mae Cymru wedi cael llond ei bol o Biwritaniaeth. Piwritaniaeth heb Dduw ydy rheol bywyd Comiwnyddiaeth. A'r rhyfel niwclear yn aros i ddinistrio'r sail. Na, rhaid i mi greu fy ystyr fy hun i fywyd. Rhaid imi ddewis, a thrwy ddewis sefyll fy hunan yn wyneb byd a chymdeithas, troi byw yn sialens ac yn wefr. Herio cymdeithas, herio cyfraith a barn, dewis bywyd troseddwr a herwr. Dyma'r ateb i argyfwng gwacter ystyr. Roedd gan Hitler wlad a chenedl i chwarae gyda nhw a rhoi iddo ias byw, ac wedyn darfod o'i fodd. Does gen i ddim, dim ond fy mywyd fy hunan. Fi ydy Cymru Fydd!

Cymru Fydd

25. Y peth politicaidd hwnnw

[Dic Sarc, trefnydd gyda'r Blaid Lafur, sy'n siarad.]

Politics yw fy musnes i. 'Rwy'n nabod y pethau politicaidd. 'Rwy'n edrych ar yr India, Iwerddon, Rhodesia, Y Congo, Algeria: ar unwaith 'rwy'n cydnabod y peth politicaidd hwnnw, cenedl, cenedl boliticaidd. Yno mae cenedlaetholdeb yn fater bywyd, yn fater gwaed. Rhaid ei gymryd o ddifri mawr. Ers pedair canrif o leiaf 'ddigwyddodd dim un weithred yng Nghymru i awgrymu fod yno genedl boliticaidd. 'Dyw cenedlaetholdeb politicaidd yn ddim ond hunan-dwyll yng Nghymru. 'Dyw e ddim yn bod.

Excelsior

26. Yr Ysgol Fomio

Gwelir felly mai ail beth ac nid y peth pwysicaf yn y rhyfel nesaf fydd ymladd byddin arfog yn erbyn byddin arfog. Y byddinoedd awyr fydd bwysicaf yn y rhyfel hwnnw, a phennaf nod yr awyrblaniau bomio fydd dinistrio dinasoedd, eu llosgi a'u gwenwyno, troi gwareiddiad y canrifoedd yn ulw, gollwng i lawr, allan o ddiogelwch yr awyr, yr angau creulonaf ar wragedd a phlant a gwŷr diarf a diamddiffyn, a sicrhau, os dianc rhai a'u bywydau ganddynt, na bydd nac annedd na bwyd i'w porthi nac aelwyd i'w cadw yn fyw. Bydd y byddinoedd awyrblaniau hyn mor niferus a nerthol fel na bydd y perygl i'r bomwyr eu hunain ond bychan. Hyfforddir hwynt o flaen llaw i anelu'n gywir at bob math o nod. Mewn gwaed oer hyfforddir hwynt; mewn byr amser daw'r gelfyddyd yn arferiad; a phan ddisgynnant i'r ddaear wedi gorffen distryw gwareiddiad a chyflawni'r anfadwaith pennaf yn hanes creadigaeth Duw, os gofyn un iddynt wedyn: 'Ym mhle y'ch hyfforddwyd chwi?' yr ateb fydd, 'Ym Mhorth Neigwl yn Llŷn ac yng nghyffiniau Ynys Enlli a Ffordd y Pererinion a Saint Cymru.'

. . . Dywedodd Emrys ap Iwan:

'Cofier mai'r Duw a wnaeth ddynoliaeth a ordeiniodd genhedloedd hefyd; ac y mae difodi cenedl y trychineb nesaf i ddifodi dynol-ryw.'

Nid cyhoeddi syniad preifat o'i eiddo'i hun yr oedd Emrys ap Iwan yn y geiriau hyn. Y mae ei eiriau'n datgan yr hyn a fu erioed ac a erys heddiw yn rhan hanfodol o ddiwinyddiaeth foesol Cristnogaeth. Y mae deddf foesol Duw yn uwch na deddfau gwladwriaeth Lloegr, ac fe hawlia ein hufudd-dod ni yn erbyn llywodraeth Loegr. Y mae cynllun gwersyll Porth Neigwl yn bygwth angau i'r genedl Gymreig ac yn bygwth marwolaeth a dinistr i wareiddiad Cristnogol Ewrop. Yn enw deddf foesol Duw, yn enw Cristnogaeth, yn enw Cymru, galwaf arnoch i wrthwynebu hyd at eithaf eich nerth ac ym mhob un dull a modd y sefydliad melltigaid hwn, ac onis rhwystrir, yna ei ddifetha.

'Yr Ysgol Fomio yn Llŷn', 1936

27. Emmäws

'Ddaw neb o hyd iddo'n awr;
ei hanes 'doedd ond unawr;
graig a llwybr, yn gyfrgoll aeth
Emmäws didramwyaeth.
Ond trig ar gronig ei rawd,
duwsul Pasg y bedysawd,
y ddadl hael a'r gwahodd tlws,
mwyaid bara Emmäws.

Pa ŵyll draw yn y pellter
Sy'n turio'r swnd, hwyr awr sêr,
am dref ger Salem a'i drws,
Am heol i Emmäws?

Ai rhith Arab neu Rabbi?
A, mwyfwy och! Ai myfi
yn aro gwawr orig fach
Emmäws nad yw mwyach?

28. Trais

Gair taeogion yw trais, fel y defnyddir ef heddiw.
Ystyr trais yn ôl Geiriadur 1632 yw ysbeilio, act
concwerwr neu drechwr, gormes. Nid trais yw
unrhyw weithred o amddiffyn beth bynnag ei gost,
eithr act o anrhydedd a hawl.

'Apêl Gwynfor Evans', 1980

29. Carchar a rhyfel

Clywais ddynion penwan yn dadlau fod milwyr
yn Ffrainc wedi dioddef poenau mwy na'r rhai a
garcharwyd o achos cydwybod. Y mae gennyf beth
hawl i roi barn ar y ddadl gan i mi gael cip ar y
ddau fywyd. Y gwir am fywyd carchar yw na
ddygymydd dyn normal cyffredin fyth ag ef. Y
gwir arswydus am fywyd rhyfel yw bod dyn
normal, ifanc yn dygymod ag ef yn bur fuan, ac yn
ei gael mewn llawer peth yn fywyd wrth ei fodd.

Adolygiad ar Plasau'r Brenin (*Gwenallt*), 1939

30. Na thyngaf, am na wn

AMLYN: A dyngi di i mi mai angel ydoedd?

AMIG: Na thyngaf, am na wn. Ond d'wedaf imi gredu
Mai Raffael oedd, a rhoi fy mhwys ar Dduw
Na'm gedy Ef fi'n anhraith i Ddiawl.
Rhodio fel un a wêl, a gwybod nos y deillion,
Yw bywyd beunyddiol ffydd.
Ni ofyn Duw i tithau ond barnu'n ôl dy olau,
Ac os rhag ofn cythreuliaid neu falais fy
            nghalon i

Y berni'n wag fy neges, yna bydd dawel
dy ysbryd,
A gosod hunllef heno o'th gof.

Amlyn ac Amig

31. Yn unig am fod llw yn fy nal

AMLYN: ... Gwrando arnaf dro: ni chredais i yn dy angel:
Credaf weithian a chrynu'n fy enaid coll.
Neithiwr pan glywais dy gysgu,
Codais drwy'r gwyll i syllu ar dy huno anudonus.
Ped ofnit ti dranc fy nhŷ, onid dianc a wnaut i'r tywyll,
Nid gorwedd yno mewn heddwch yng nghafn fy nghur?
Edrychais ar lun dy afiechyd a hawdd fyddai gennyf
dy dagu,
Eithr safodd llonyddwch dy gwsg fel gwyliwr
dreng o'th gylch.
Nid am im gredu dy air na thrydar gweddi,
Nid er anrhydedd cyfeillgarwch clodfawr,
Nid o ufudd-dod i'th angel,
Y rhodiais y ffordd oedd o'm blaen.
Ond yn unig am fod llw yn fy nal, llw marchog a'i law
ar y creiriau,
Yn fy nal yn gaeth wrth fy nhynged, ie petai anwir y nef,
Am hynny, heb Dduw, heb ffydd, na gobaith na chariad,
Y tynnais fy nghleddyf o'r wain.

Amlyn ac Amig

32. Yr Adran Gymraeg

GWEN: Schizophrenia yw cyflwr normal pob Cymro yn y Brifysgol.

HARRI: Ond yn Adran y Gymraeg.

GWEN: Adran y Gymraeg? Plant bach yr Ysgol Sul wedi colli'u ffordd a'u cael eu hunain mewn siop betio, – dyna'r Adran Gymraeg.

Problemau Prifysgol

33. Ghetto

Erbyn heddiw mae'r genedl Gymreig wedi dyfod allan o ghetto'r Gymraeg, ond yn wahanol i'r Iddewon, wedi dyfod allan i farw.

'Y Ghetto Cymraeg', 1972

34. George Thomas a'i nain

Yr hyn a gafwyd gan Mr George Thomas i agor y drafodaeth oedd cronigl clodfawr o ymdrechion y llywodraeth Lafur a'i swyddfa ef ei hunan i achlesu'r iaith Gymraeg. 'Fe wnaed ychwaneg i hybu'r iaith Gymraeg yn y blynyddoedd diweddar hyn nag erioed o'r blaen.' Ystyr 'erioed o'r blaen', mi debygaf, yw er pan fu farw nain Mr Thomas. Ni fedrai hi Saesneg, meddai ef, neu ni fynnai ei fedru, ac yn ystod ei byw hi bu raid iddo yntau siarad Cymraeg wrthi. Bu hi farw a'i Gymraeg yntau. Darn trist o hanes Cymru ar gadw am byth yn Hansard . . .

Ysywaeth y mae hanes Cymru i'n haelodau seneddol ni'n cychwyn gyda marw nain Mr George Thomas. Yn nwylo barbariaid y rhoesom ni ofal am ein gwlad. Nid rhaid ond darllen anerchiad Mr Alec Jones o'r Rhondda: 'Nid bai'r Saeson aflan nac unrhyw orthrwm ganddynt hwy yw methiant y Gymraeg heddiw. Dewis rhydd y gymdeithas y tyfasom ni i fyny ynddi ydyw.' Efallai na chredwch chi ddim, ond wele'r geiriau yn Hansard, tudalen 29. Dyna safon gwybodaeth, deall, diwylliant, yr Uwchbwyllgor Cymreig o Dŷ'r Cyffredin. Mae'n peri i ddyn gofio am yr hyn a ddywedodd Wellington cyn Waterlŵ wedi iddo fwrw golwg ar filwyr ei fyddin ei hun.

Ystyriwn athroniaeth yr uwchbwyllgor. Meddai Mr George Thomas sy'n aelod o'r Cabinet: 'Nid Llywodraeth piau cadw iaith yn fyw. Tasg i'r bobl sy'n siarad yr iaith yw hynny. Peth personol iawn yw iaith dyn. Ei ddewis ef ei hun ydyw. Y mae iaith dyn fel ei grefydd. Ei benderfyniad ef ei hun ydyw a rhan o'i ddull o edrych ar fywyd.'

45

Rhag i chwi amau fy mod i'n gwynfydu wrth gyfieithu, fe gewch y Saesneg yn adroddiad Hansard, t. 12-13.

Derbyniwyd yr athrawiaeth hon gyda brwdfrydedd. Ni allai Mr Hooson lai nag amenu'n ddwys: 'Ni ddywedodd y gwir anrhydeddus wrda erioed air mwy gwir na phan ddywedodd mai pethau personol iawn yw iaith a chrefydd. Y maent yn dibynnu ar ddewis personol.'

A gaf i ofyn i'r darllenydd aros funud a phwyso hyn a'i ystyried. Os cyffes sydd yma, pa fath o ddyn yw hwn sy'n cyhoeddi mai ei ddewis personol ef fu bwrw heibio iaith ei nain er ei marw hi? Ond fe'i cyhoeddwyd hefyd yn wir cyffredinol am ddynion ym mhobman. Gofynnwch i Sais, i Eidalwr, i Eifftiwr, i Indiad, ai ei ddewis personol ef ei hunan, neu hyd yn oed ai dewis personol ei fam, yw ei iaith ef. Nid rhaid ond gofyn y cwestiwn, ac y mae datganiad Mr Thomas a Mr Hooson a'u cefnogwyr i'w weld yn ffwlbri. A fedrwch chi ddychmygu am arweinwyr seneddol unrhyw wlad arall yn codi yn ei senedd-dŷ i gyhoeddi'r fath nonsens diraddiol?

'Peth Personol Iawn', 1970

35. Dicky Bach Dwl

Dicky Bach Dwl yw creadigaeth fwyaf dynol Mr Francis. O syniadau a delfrydau y crëwyd ei gymeriadau eraill, ond gwnaethpwyd Dicky o gig a gwaed. Nid yn gwbl felly ychwaith, canys yn *Y Potsier* . . . yr oedd peth dadlau a phleidio hyd yn oed ym mhen Dicky. Chwarae teg iddo, anodd dianc rhag hynny pan fo dyn yng nghwmni blaenor. Ond yn *Birds of a Feather* cafodd Dicky gwmni wrth ei fodd, sef esgob a thincer, pobl na wyddant ddim am ddadleuon a phroblemau bywyd dyrys Cymru. Yn wir wrth orffen yr adolygiad hwn, ni allaf beidio â bod yn anesmwyth fy meddwl. Fel y bu greulon fy nhynged, rhaid yw imi fyw yn y byd a ddisgrifir yn nramâu meithion Mr Francis, yng nghanol y *Gwyntoedd Croesion* a'r dadleuon. Ond wedi darllen yr holl ddramâu gyda'i gilydd – panorama Mr Francis o fywyd fy ngwlad – nid oes ond dau gwmni y gwir garwn i fyw gyda hwy, cwmni'r uchelwr a John Jones yng nghastell Carreg Goch, a chwmni Dicky a'r tincer a'r esgob ar lan yr afon ar noson loergan. Tybed nad dyna ddewis Mr Francis yntau? Canys dyna ei ddau gampwaith.

'Dramâu J.O. Francis', 1928

36. Galw disgybl

Rhaid deall mai Creuddynfab a alwodd Ceiriog, a'i dewisodd, a roes ei fantell drosto. Yr oedd fwy na phymtheng mlynedd yn hŷn na'i ddisgybl. William Williams oedd ei enw bedydd, a diau na bu cymeriad mwy ar ei ben ei hun ymysg llenorion y ganrif. Nid oedd yn artist. Nid oedd ganddo athrylith greadigol. Ond fe wyddai ef hynny. Nid cariad dyn cyffredin, na chariad y mwyafrif o'r beirdd oedd ganddo at farddoniaeth. Yn angerddol y carai ef hi, ac yntau'n ddeugain oed. Ymgysegrodd ar ei hallor. Gwasanaethodd arni fel offeiriad ar ei dduwies. Treiddiodd i'w chyfrinach, deallodd ei natur, ei hanghenion, y math o fywyd hefyd a hawliai hi gan ei chariadon – peth na wybu ond dau neu dri arall drwy'r ganrif honno yng Nghymru. Yna – yr aberth olaf, uchaf, – pan welodd ef nad drwyddo ef y mynnai hi lefaru, aeth allan i chwilio am un teilwng, galwodd arno, a rhoes flynyddoedd praffaf ei oes i baratoi llencyn dienw i gipio'r llawryf a'r anfarwoldeb a haeddodd ei gariad anghusan ei hun. I bob golwg arall snob disyniad, anwybodus oedd Ceiriog pan gymerth Creuddynfab ef o'r siop. Nid ysgrifenasai ddim a roesai awgrym ei fod yn awenydd. Tair blynedd ar ôl hynny fe safodd ar lwyfan Llangollen yn awdur *Myfanwy Fychan*. Dyna gamp Creuddynfab.

Ceiriog

37. Elfen ddymunol

[Y mae Syr Gamaliel Prys, Prifathro'r Coleg, wedi taro i mewn i ddawns y Gymdeithas Gymraeg.]

SYR G: Mae'n dda gen i weld y Cymry Cymraeg. Elfen ddymunol ym mywyd y Brifysgol.

HARRI: Mi gewch groeso mawr yn y neuadd, syr. Doedd neb yn disgwyl y fath anrhydedd.

SYR G: Diolch, machgen i. Ie'r Gymdeithas Gymraeg. Rhaid i chi ddal ati, cofiwch chi. Mae'r elfen ddwyieithog yma'n rhoi tipyn o gymeriad arbennig i'r colegau yng Nghymru, fel nad ydyn-ni ddim yn union yr un fath â phob *red-brick*. Rwy'n dal erioed mai tipyn o amrywiaeth lliw yw angen pennaf yr holl *provincial universities*. A dyna gyfraniad y Gymraeg. Dych chi ond lleiafrif, wrth gwrs, ond mae 'na le i'r Cymry dwyieithog. Dros dro, o leia . . .

Problemau Prifysgol

38. Yn eisiau – prifysgol

Ac y mae Cymru'n wahanol i bob gwlad arall yn Ewrop; nid oes ganddi brifysgol. Y mae Cymraeg yn bwnc mewn sefydliad Saesneg a elwir yn 'University of Wales'. Nid oes gan y genedl Gymreig brifysgol. Athrawon heb Gymraeg, heb wybodaeth o hanes a diwylliant Cymru, yw'r mwyafrif o staff Prifysgol Cymru. Na feier ar yr athrawon: Cymru ei hun sy'n mynnu hynny. . . . Dyna sydd ar goll yn erthygl yr Athro P.M. Jones yn y 'Welsh Review' ar 'Do Universities Educate?'. Nid dysgu yw amcan neu nod blaenaf prifysgol o gwbl. Yr amcan blaenaf yw arwain diwylliant gwlad a rhoi safon i'r diwylliant hwnnw drwy fod yn fan cydweithio 'élite' ysgolheigaidd y genedl. Dyfod o'r disgybl i gysylltiad bywiol â hynny yw'r dull y dylai prifysgol addysgu. Pinagl diwylliant y wlad mewn cyswllt â phinaglau cyfryw drwy Ewrop oll, dyna a ddylai fod yn swydd Prifysgol Gymreig.

'Diwylliant yng Nghymru', 1945

39. Pwy a'i gwna?

Pan oedd hi dduaf ar fywyd ysbrydol a chymdeithasol yn Sbaen, ar ôl 1875, fe aeth gŵr o athrylith a dewrder moesol, Francisco Giner de los Rios, allan o Brifysgol Madrid, a sefydlodd ysgol elfennol ar ei gynllun a'i gyfrifoldeb ei hunan. Wedyn fe sefydlodd gydag ychydig ysgolheigion eraill 'Residencia de Estudiantes', prifysgol rydd a newydd ac annibynnol i efrydwyr. A daeth dadeni i Sbaen a llenyddiaeth fawr newydd a chelfyddyd gain a cherddorion a enillodd glust Ewrop. Mae'n amheus a ellir dim iachawdwriaeth i Gymru heb ryw anturiaeth gyffelyb. . . . [O]s yw Cymru i achub ei hetifeddiaeth ysbrydol bydd angen i ychydig ysgolheigion fel Francisco Giner sefydlu a chychwyn prifysgol annibynnol Gymraeg, gwir brifysgol a ymddyry yn unig i fagu 'élite' Gymreig newydd, athrawon a gweithwyr cymdeithasol a chanddynt ddiwylliant yn sylfaenedig ar werthoedd ysbrydol a hunan-barch gweddus, 'élite' Gymraeg a chanddi amgyffred o bwysigrwydd safonau iawn ac amcan ac uchel urddas bywyd dyn. Dyna'r ad-drefniad a fedrai ddwyn Cymru well a chenedl deilyngach o'r sorod a'r gwarth y sydd heddiw. Pwy a'i gwna?

'Diwylliant yng Nghymru', 1945

40. Dwy iaith y Cymro uniaith

Yn syml iawn, daliaf fod yr iaith lenyddol yn iaith fyw.

Fe ŵyr pawb ei hanes hi. Fe darddodd hi o draddodiad ysgolion y beirdd a gwnaeth John Davies hi'n iaith y Beibl Cymraeg. Gwnaeth y diwygiad Methodistaidd hi'n iaith y pulpud Cymraeg drwy Gymru gyfan, ac wedyn o gam i gam yn iaith y seiat, y cyfarfod gweddi, y cyfarfod misol, y cwrdd chwarter, yr Undeb a'r Gymdeithasfa, y darlithio ar ddirwest, yr areithio politicaidd, ac yna, diolch i John Morris-Jones, yn iaith llwyfan yr Eisteddfod a'r beirniadu ar awdl a phryddest, ac o'r diwedd yn iaith darlithiau prifysgol yn adrannau'r Gymraeg a gwersi ysgolion sir ac arholiadau. Os nad yw hynny oll yn fyw, beth atolwg sy'n iaith fyw?

Y ffaith amdani yw mai dyn dwy-ieithog oedd pob Cymro uniaith hyd at 1914 ac i raddau hyd at 1938. Yr oedd ganddo iaith ei fro, iaith y stryd a'r chwarel a'r pwll a'r cae rygbi a'r siop. Yr oedd ganddo hefyd iaith y seiat a'r cyfarfod gweddi a'r cyfarfod brodyr a'r cyfarfod llenyddol. Fe wyddai fod yr ail iaith hon, nid yn dafodiaith leol – er ei bod hi'n benthyg llawer gan y tafodieithoedd – ond yn iaith gyhoeddus gyffredin i bawb. Dyna gamp fawr genedlaethol y pulpud Anghydffurfiol Cymraeg. Ac nid oedd y Cymro cyffredin, boed flaenor neu'n aelod o'r Ysgol Sul neu'r Seiat Bwnc, yn cymysgu dim. Fe wyddai ba iaith i'w harfer lle bynnag y byddai, ac fe roes ystwythder hapus sy'n aros heddiw yn rhinwedd arbennig yr iaith lenyddol Gymraeg.

Yn fy marn i, yr ail iaith fyw hon, yr iaith lenyddol Gymraeg, yw'r unig wir gyfrwng posib i theatr cenedlaethol ac i ddrama genedlaethol.

Rhagair, Problemau Prifysgol

41. Cymraeg llenyddol

Ond tasg y dramodydd yw sgrifennu Cymraeg *llenyddol* nad yw ddim yn Gymraeg llyfr. Canys y mae llenyddiaeth yn cynnwys mwy na llyfrau, a llawer mwy. Fe gynnwys ymadrodd a chân, ac fe all gynnwys drama. A Chymraeg llenyddol *mewn drama* yw Cymraeg (1) sy'n perthyn drwy draddodiad i Gymru gyfan; (2) sy'n cadw at ffurfiau traddodiadol mewn geiriau a chystrawen, yn ôl arfer beirdd ac awduron yr oesau; (3) sy'n esmwyth ac yn effeithiol i glust pob Cymro a gafodd ddiwylliant Cymreig. Dyna'r amodau.

Rhagymadrodd, Doctor er ei Waethaf

42. Mewn estron wlad

Diau bod rhan Lerpwl yn fwy na rhan Manceinion yn y newid cymdeithasol a ddaeth ar Ogledd Cymru yn ystod ail chwarter y ganrif ddiwethaf, a hynny oblegid mynd mwy o Gymry yno. Ond tebyg i'w gilydd oedd hanes y ddwy dref. Daethai i Fanceinion gannoedd o lanciau fel John Hughes, bob un ar neges gyffelyb. Daethai llawer ar y cychwyn yn ansicr eu bwriad, gan chwilio am ba waith bynnag a allent, a'u hyder yn unig ganllaw iddynt. Wedi iddynt ymsefydlu, daeth eraill ar eu hôl, câr yn dilyn câr i'r un ffatri, cefnder i weithio dan gefnder, brawd yn siop ei frawd. Cawsant groeso Seisnig, oer. Ni hoffai gogleddwyr Lloegr y Cymro. Dirmygent ei wisg, ei acen, ei Saesneg oedd mor annhebyg i iaith y brenin yn Wigan. Closiai'r Cymry at ei gilydd. Ffurfient gapelau. Tueddent i gyrchu i'r un ardaloedd. Aethant yn drefedigaeth o fewn tref, yn debyg i'r Iddewon, yn byw ar wahân i'r brodorion, yn gweithio laweroedd ohonynt gyda'i gilydd y dydd a hwylio i'r un seiat y nos. Adnabûm i nifer o Gymry yn Lerpwl na ddysgasant erioed fwy o Saesneg nag a fuasai ganddynt ugain mlynedd yn gynt wrth iddynt ymadael â'u pentref yn y bryniau. Yn yr ymdrech hon i ymsefydlu mewn tref estron, angharedig, magodd y Cymro neilltuolion newydd. Teimlasai i'r byw oddi wrth ddrwgdybiaeth a dirmyg ei groeso. Caeodd ei ddannedd, ymgaledodd. Mynnodd drechu gelyniaeth y Sais a rheibio'i barch. Llwyddiant bydol yn unig a fedrai hynny. Ymroes y Cymro i'r dasg yn ei ddull ei hun, dull ofnus, gochelgar cenedl orchfygedig, a dull gwladwr mewn ffair ddieithr, un na buasai moesau dinas erioed yn rhan o'i etifeddiaeth.

Ceiriog

43. Mari Lewis – proletariad

Yn wir, un o'r pethau hynotaf yng nghymeriad Mari Lewis oedd ei hagwedd drwyadl broletaraidd tuag at amaethyddiaeth:

Mi fydde yn well gen' i dy weld di yn deiliwr nag yn was ffarmwr. Mae'r hin ne rwbeth yn stiffio ac yn rhewi eu heneidie yn gystal â'u haelode nhw, goelia i; a mae bod hefo'r nifelied o hyd yn eu gneud nhw yn debyg ryfeddol i'r nifelied . . .

Clywais gomiwnyddion di-waith yn y Brynmawr yn datgan yn union yr un feirniadaeth

am y gweision ffarm o Gymry iach ar ystad y
diweddar Arglwydd Treowen ac yn truanhau
wrthynt.

Daniel Owen

44. Priodas tywysoges

Bu digwyddiadau cynhyrfus iawn yn Ffrainc ac yn
yr Eidal ac yn y Llywodraeth yn Lloegr hefyd yr
wythnos hon. Ond anghofiwyd y cyfan dros dro yn
Lloegr a dathlwyd gyda brwdfrydedd briodas
merch hyna'r Brenin ac Etifedd y Goron. Bydd pob
cenedlaetholwr Cymreig yn ymuno'n galonnog i
ddymuno'n dda i'r pâr ifanc. Nid i orchwyl
esmwyth y galwyd hwynt. Hawdd inni gam-farnu
a bwrw mai bywyd o foeth a chyfoeth a dawns ac
ysblander sydd yn rhan iddynt. Y gwir yw na all
neb ystyriol beidio â dyfalu mai cyfnod o brofi
caled ar gyfansoddiad Prydain Fawr ac ar
gynheiliaid yr orsedd ei hun fydd ail hanner yr
ugeinfed ganrif. Ni ellir dychymygu am gyfnod
anos i ferch wisgo coron ac esgyn gorsedd. Bydd
safle ei phriod hefyd yn gofyn doethineb arbennig
a gras. ... At hynny, mewn tymor mor llwm nid
yw namyn naturiol i bobl achub cyfle i fwynhau
miri lliwus a hwyl; nid rhyfedd bod y merched sy'n
pendroni uwchben y cwponau a'r papurau bara yn

ymroi'n llwyr am dro i'r papurau lluniau ac i
wynfydu uwchben gwisgoedd y briodferch a holl
ffwdan difyr a llawen priodas frenhinol. Priodasau
tywysogesau a breninesau – do, fe gafodd Cymru
hefyd gynt ei siâr o'u rhwysg a'u cynnwrf.

'Cwrs y Byd', 1947

45. F' addoliad i ti

LLYWELYN:
Gwleidyddiaeth oedd ein priodas ni, arglwyddes,
A rhyngom ni 'roedd bwlch o chwarter canrif.
Wel, dyna'r arfer, mae'n sail i gynghrair
A chytgord gwledydd, cyd-odde, cyd-adeiladu.
Ond pedair blynedd wedyn, pan ddaethost ti
Yn wyry i Eryri fel bedwen arian ir,
Fe droes fy nghalon i'n sydyn megis pe gwelswn y Greal,
I mi 'roedd goleuni lle y troedit.
Ond mygais fy syfrdandod rhag dy ddychryn,
A phan deimlais i di yma'n crynu yn fy mreichiau
'Ddoluriais i monot ti â chusanau trwsgl
Na chwŷs cofleidio erchyll; ymgosbais yn daer
Fel na byddwn ffiaidd gennyt; bûm ara' a chwrtais a ffurfiol;
A diflannodd dy gryndod; daeth y stafell hon iti'n gartref
A minnau'n rhan, nid rhy anghynnes, o'r dodrefn.
Felly'r addolais i di, fy fflam, o bell ac yn fud,
Gan ymgroesi rhag tresbasu â geiriau anwes;

Ond tynnais di i mewn i fusnes fy mywyd,
Trefnais fy nhŷ a'm tylwyth a'm teyrnas wrth dy gyngor,
A rhoi i'th ymennydd ysblennydd ehangder swydd.
Cofiaf y p'nawn y daethost oddi wrth dy dad
O'th lysgenhadaeth gynta'; 'roedd fy mywyd i
Mewn perig' y tro hwnnw. Pymtheg oed oeddit ti
A Dafydd dy fab prin ddeufis. Daethost adre
A'm heinioes i a thywysogaeth Dafydd
Yn ddiogel dan dy wregys. A'r noson honno
Ti a'm cofleidiodd i. 'Doedd gen i ddim iaith
I ddwued fy llesmair; meistrolais gryndod fy nghorff; –
Ond wedi'r noson honno bûm enbyd i'm gelynion,
Cesglais Geredigion a Phowys a Deheubarth
A'u clymu yng nghoron dy fab, iddo ef yn unig yng
                                                    Nghymru
    Er gwaetha'r ddefod Gymreig, er gwaetha'r rhwyg
                                                    yn fy nhŷ;
    Mynnais gael ei gydnabod gan Frenin Lloegr a'r Pab
    A chael gan y Pab gyhoeddi brenhiniaeth ddilychwin
                                                    ei ach.
Hyn oll a bensaernïais, fy nheml ydoedd i ti,
F' addoliad i ti.

Siwan

46. Fy nhestament ola'

SIWAN:
Fy nhestament ola'. O ffenest' llofft fy ngharchar
Tu draw i lawnt y grog a thywod Lafan,
Draw dros Fenai, mi welwn Dindaethwy a Llanfaes
A'r brain yn codi a disgyn ar y coed ger eglwys Catrin;
'Roedd gweld eu rhyddid digerydd yn falm i galon
                                        carcharor.

Pan fydda inna' farw,
Ei di a'm corff i drosodd mewn cwch a'i gladdu
Yno, yn y fynwent newydd, a rhoi'r tir
I frodyr Ffransis i godi tŷ a chapel?

LLYWELYN:
Y Brodyr Llwydion? Pam i Ffransis o bawb?

SIWAN:
Mae arna' i ddyled i'w thalu i sant y cortyn.
'Roedd o'n hoff o hapchwarae ac yn hoff o raff.

LLYWELYN:
Mae brathiad yn d'ewyllys di. 'Roedd yn fy mryd
Dy gael di gyda mi yn Aber Conwy.

SIWAN:
Apeliaist ar lw'r briodas,
Mae hwnnw'n fy nghlymu i wrthyt hyd at y bedd.
'Rwyf innau'n bodloni i hynny, yn croesawu hynny.

Ond mae'r bedd yn torri pob cwlwm, yn rhyddhau pawb;
Mi garwn i'm hesgyrn gael pydru yno heb neb.

Siwan

47. Yn iach i chwi . . .

Ah, dywysogesau a breninesau Cymru, pwy o'ch
gwlad chwi heddiw sy'n cofio amdanoch wrth
ysgrinoedd Bangor neu ar draeth Llanfaes ym
Môn? Yn iach i chwi, anwyliaid ein brenhinoedd, a
boed ichwi oleuni gwastadol.

'Priodas Tywysoges'

48. Ffarwél y Cyrnol Chabert

*[Claddwyd y Cyrnol Chabert yn fyw mewn bedd
cyffredin pan dybiwyd ei ladd yn un o frwydrau
Napoléon. Llwyddodd i ymwthio allan o'r bedd, ac yn y
man dychwelyd i Baris i hawlio'n ôl ei wraig, ei gartref
a'i ffortiwn. Ond dyn marw ydoedd, yn swyddogol.
Ceisiodd twrnai ifanc, Derville, yn aflwyddiannus, ei
helpu. Ar ddiwedd y ddrama daw Derville ar draws y
Cyrnol mewn tloty.]*

DERVILLE: Ydych chi'n fy nabod i, Cyrnol?

CHABERT: (gan godi ar ei draed) Ust! Peidiwch ag yngan yr enw yna . . . Ydw, rydw i'n eich nabod chi'n burion, syr, ac yn cofio amdanoch chi gyda chalon gynnes.

DERVILLE: Fe gawsoch chi fenthyg dwy fil ffranc gen i, ac wedyn diflannu. Os ydych chi'n ddyn onest, sut na thalwyd mo'r ddyled?

CHABERT: Thalodd hi ddim i chi? Yr unig beth a ofynnais i ganddi.

DERVILLE: Mi gefais nodyn ganddi yn gwadu'r ddyled ac yn dweud mai twyll oedd eich holl honiadau chi ac i chi ddiflannu wedi iddi osod y plismyn ar eich ôl.

CHABERT: Mi sgrifenna i nodyn i chi, os gofynnwch chi yn rhinwedd eich swydd imi gael pin a phapur. Mi wranta i y cewch chi'ch talu gyda'r troad. Bydd awgrym o fygwth yn ddigon.

DERVILLE: Fynsoch chi ddim pensiwn neu flwydd-dâl?

CHABERT: Mr Derville, i beth y mynnwn i bensiwn? Mae Napoléon yn alltud ar ei ynys, yn alltud a charcharor. Cnafon sy'n teyrnasu ym Mharis. Mae holl obeithion y Chwyldro am Ewrop newydd wedi eu chwalu. Mae'r crachach bodlon eu byd yn ddrewdod yn yr eglwysi. Mae cariad gwraig mor gelwyddog ag addewidion llywodraethwyr . . . Yma, yng nghwmni troseddwyr a thrueiniaid, mi ga i orffen fy nyddiau yn Stoig di-obaith, di-enw. Mi fûm i gyda'r meirw yn y bedd yn ddyn byw. Nawr rydw i gyda'r esgymun byw yn ddyn marw . . . Dewch imi sgrifennu'ch nodyn chi.

Y Cyrnol Chabert

49. Canu'n iach i Dŷ'r Cyffredin

HUW HUWS: Ond, credwch chi fi, nid peth hawdd yw canu'n iach i Dŷ'r Cyffredin yn Westminster. Mae pawb sy wedi profi'r peth, y bywyd clos a hapus sydd yno, yn cytuno mai hwn yw'r clwb gorau yn Llundain. Mae'r ysbryd yno mor hyfryd, yr hyn y mae'r Ffrancod yn ei alw yn esbryd y corps. Mae'r cyfeillgarwch a'r ymddiried cyfrinachol yn ei gilydd yn trechu pob gwahaniaeth plaid. Peth i'r ystafell ddadlau yn unig, rhan o'r gêm, yw'r ymosod ffyrnig ar onestrwydd ei gilydd. Na, mae hi'n gymdeithas eithriadol o glos, mae 'na frawdgarwch rhwng aelodau pob plaid, pawb yn perthyn, pawb wedi cymryd yr un llw, pawb yn un teulu. 'Dyw hi ryfedd yn y byd fod aelodau Tŷ'r

Cyffredin yn barod i aberthu hyd yn oed egwyddorion eu dechreuad er mwyn cadw eu lle yn y Tŷ, yn un o'r teulu.

Excelsior

50. Dyfodol Tŷ'r Arglwyddi

DIC: Bachgen, bachgen, paid â bod mor ddiniwed. Nid drwy'r Blaid Lafur y daw diwedd Tŷ'r Arglwyddi. Plaid geidwadol, gymedrol, plaid barchus canol y ffordd fuom ni bob amser yn ein gweithredoedd; nid Bolshis fel y Torïaid yma. Maen' nhw mor siŵr ohonyn' eu hunain' 'does ganddyn' nhw ddim parch i na sefydliad na thraddodiad. Edrychwch ar y deng mlynedd d'wetha'! Pwy ond y Torïaid feiddiai daflu'r Ymerodraeth Brydeinig i'r moch?

Excelsior

51. Saws brandi

Yr wyf newydd ddychwelyd o Gastell Nedd a dyma'r cyfle cyntaf i ddiolch i chwi am eich llythyr. Neithiwr y dychwelais ar ôl bod yn cadw tŷ a choginio i'm modryb . . . Felly os dymunwch imi gymryd gofal o golofn y merched a dweud sut i wneud saws brandi bendigedig gyda phwdin Nadolig cartref – myfi yw eich dyn.

Llythyr at Kate Roberts, 1950

52. Cân o foliant

I grair y Normaniaid cyweiriaf fy nhelyn,
I ganmol afallen ymhlith y coed celyn,
Fy undyn addfwyndeg, dwyfronneg ei fro,
A chapten llawenydd y trefydd tra fo.

    Iechyd i'w wedd, ein clennig a'n cledd,
    A ffynnon a hinon ein heinioes a'n hedd.

Mi drawaf y tant i fodrwyog ei thresi,
I ferch ymerawdwr a lili'r Ffrancesi;
Fel mafon a mefus ei gwefus a gaf,
Ei gwên yw ein gwanwyn a'n hancwyn yr haf.

Iechyd i'w gwedd, ein manna a'n medd,
A ffynnon a hinon ein heinioes a'n hedd.

I ddeuwas fy neulyw addasaf fy nhelyn,
Y gwenith da delaid, gain nythaid di-elyn,
Y blodion difeius, ba lydnod a fu
Dan heulwen ffurfafen mor gymen, mor gu?

Iechyd i'w gwedd, ein glendid a'n gwledd,
A ffynnon a hinon ein heinioes a'n hedd.

Amlyn ac Amig

53. Cenedl safadwy

. . . rhaid arfer iaith am genedlaethau gan deuluoedd o bobl yn byw ar yr un darn o ddaear o fewn ffiniau hysbys cyn y gellir galw'r bobl hynny yn genedl, ac, oni phery'r fath uniad o iaith a thir, fe beidia'r bobl hynny bob yn dipyn â bod yn bobl ar wahân; ni byddant yn genedl. Ni all Cymru wedi iddi droi'n gyfan yn ddwyieithog fod yn wlad na chenedl safadwy.

'*Y Ghetto Cymraeg*', 1972

54. Ymarferol

Nid yw celfyddyd y posibl yn 'gwneud sens' yn y sefyllfa bresennol yng Nghymru. Yr amhosibl yw'r unig beth ymarferol.

'Y Ghetto Cymraeg', 1972

55. Ydych chi'n medru Cymraeg?

Ni ofynnir i bobl Lloegr pa sawl iaith a fedrant; nid rhaid gofyn – Saeson ydynt. Gofynnir yng Nghymru oblegid mai nod a phwrpas Llywodraeth Loegr yng Nghymru fu ac yw gwneud Saeson: hynny yw, gwneud Cymry dwyieithog.

'Tynged Darlith', 1963

56. Rhan ohonynt

Nid yw hyd yn oed y Cymry di-Gymraeg yn Gymry ond yn unig oherwydd yr iaith Gymraeg. Y mae hi'n rhan o bersonoliaeth Mr Goronwy Rees a Mr Gwyn Thomas sy'n poeri eu llysnafedd arni.

'Tynged Darlith', 1963

57. Llên Eingl-Gymreig

Mae'n syn mor nawddoglyd a diystyrllyd yw'r adolygwyr Cymraeg o farddoniaeth a rhyddiaith greadigol y llenorion Cymreig-Saesneg, hynny yw'r llenorion o Gymry sy'n sgrifennu yn Saesneg ac yn cyfrannu i 'Wales' neu'r 'Welsh Review', neu i fisolion Saesneg. Gallech feddwl o ddarllen adolygiadau Cymraeg ar eu gwaith eu bod yn gwbl eilradd neu ddibwys, a bod eu prydyddiaeth a'u rhyddiaith islaw dirmyg. Wel, y ffaith amdani – i un o leiaf a ymroes yn ddiweddar i'w hastudio hwynt – yw mai'r llenyddiaeth Saesneg hon yw'r peth pwysicaf a gynhyrchwyd yng Nghymru yn ystod y rhyfel. Gyda thristwch y dywedaf hyn, ond y mae barddoniaeth a rhyddiaith Saesneg Cymru y blynyddoedd presennol yn fwy byw, yn fwy mewn difrif, yn dangos gwell ymenyddwaith a dyfnach cydwybod, na llenyddiaeth Gymraeg Cymru yn yr un cyfnod.

'Diwylliant yng Nghymru', 1945

58. Nid gwaith llenyddiaeth

Mynych y dywedir y dyddiau hyn mai angen pennaf ein llenyddiaeth heddiw yw digon o nofelau ysgeifn, poblogaidd i hudo pobl i ddarllen ein hiaith. Anghytunaf yn llwyr. Yn gyntaf maentumiaf nad hudo neb i ddarllen Cymraeg a ddylid, eithr dysgu pob dim drwy gyfrwng Cymraeg yn holl sefydliadau addysg Cymru Gymraeg fel na bydd sôn mwy am ddarostwng llenyddiaeth er mwyn denu dynion i wneud yr hyn y dylai addysg uwch fod wedi ei wreiddio ynddynt. Ac yn ail, nid doeth darostwng llenyddiaeth er mwyn gwneud iaith yn boblogaidd. Y mae llenyddiaeth wych mor debyg o gadw iaith yn fyw â llenyddiaeth fas. Ond pe na bai hynny'n wir, nid amcan llenyddiaeth yw cadw iaith yn fyw; a phuteinio llenyddiaeth yw ei throi i wneud y gwaith y dylai cenedl fod yn ddigon gwrol i'w wneud ei hunan. Tasg y genedl Gymreig yw diogelu'r iaith Gymraeg. Tasg llenorion yw peri bod llenyddiaeth yr iaith yn ddigon ysblennydd i gyfiawnhau pob aberth a phob ymdrech a wneir i gadw'r iaith, offeryn yr ysblander hwnnw, yn hoyw ac yn anllygredig.

'*Cyflwr ein Llenyddiaeth*', 1939

59. Diwedd oes Guto'r Glyn

Fe welodd ragor. Fe welodd cyn ei farw nad oedd ddyfodol i'r traddodiad llenyddol Cymraeg na chwaith ddyfodol o ddim pwys i Gymru. Ychydig fisoedd cyn ei farw, ac yntau'n byw ers rhai blynyddoedd yn abaty Glyn y Groes, fe archodd yr abad iddo beidio â chanu clod dynion yn unig ond rhoi

Rhan i Dduw o'r hen ddeall,

Ac on'd ydy 'yr hen ddeall' yn enw da ac annwyl ar gerdd dafod? Mae Guto'n ufuddhau ac yn cyfansoddi ei farwysgafn, rhif cxix yn y *Gwaith*. Yn y cywydd hwn mae o'n edrych yn ôl ar ei fywyd mewn cwpled sy'n ddychryn o weledigaeth:

Moli bûm ymylau byd,
Malu sôn, melys ennyd.

Rhaid cysylltu 'melys ennyd' â llinell arall yn nes ymlaen:

Rhy fyr i'r hwyaf ei oes.

Yr oedd ef ar y pryd yn gwbl ddall, yn drwm iawn ei glyw, mewn gwth o oedran, ond ei ddeall, ei athrylith a threiddgarwch a grym ei amgyffred eto'n ddi-ffael: *melys ennyd* yw ei farn ef ar fywyd o glera a cherdd dafod, ond gyda hynny *malu sôn*. Y gair sy'n gynefin i mi yw 'malu awyr', a'r ystyr yw gwag siarad, siarad ofer di-bwynt. Ac yn wyneb angau dyna ferdid y prydydd ar ei yrfa.

Ond beth am yr enw yn y llinell gyntaf:

Moli bûm *ymylau* byd?

Dyna yw Cymru fel y gwêl ef hi bellach, ymylau byd, nid rhan sy'n cyfrif o Ewrop nac o Loegr, ond fel y bu papurau Llundain yn sôn dro'n ôl am aelodau seneddol Plaid yr Alban a Phlaid Cymru, *fringe areas*, lle nad oedd dim o bwys yn cael ei benderfynu. Yr oedd y Cymro a'r Mab Darogan, Harri Tudur, ar orsedd Llundain, a gwelodd Guto nad oedd ei wlad ef bellach ond ymylau byd. Fe welodd drasiedi Cymru.

'Gyrfa Filwrol Guto'r Glyn', 1976

60. Dychwelyd

Bûm ifanc yn caru. Mae cariad
Yn lladd byd o bobl ar drawiad:
'Does neb yn bod ond fy nghariad.

Mae myrdd goleuadau'r cread
Yn diffodd yn rhin yr eiliad:
'Does na haul na lloer ond fy nghariad.

Weithian mi wn anobeithio.
Anobaith, anobaith, mae'n chwalu pob bod
Yn ulw â'i gnulio.

70

61. Mai 1972

Eto mae'r berllan yn caroli
Eto mae porffor y leilac fel Twtancamŵn ifanc
Eto awr wedi'r wawr mae persawr y bore
Yn esgyn o'r gwlith
Mae'r ddaear newydd ei geni'n ddihalog wyrf
Clywed ei hanadlu
Rhoi ewin dan ddeilen briallu
Gwrando cyfrinach y gwenyn
A'r fwyalchen effro ar ei nyth
Profi eto am ennyd
Baradwys.

62. Cariad deallol

Ystum yw anobeithio. Ystum y bardd rhamantaidd
sy'n gosod osgo arno'i hun, yn tynnu mantell dros
ei fynwes, ac yn ymglywed yn gyhoeddus â gwae
ei oes – y bardd-actor . . .

Peth rhagorol yw gwladgarwch. Llai na dyn
yw'r dyn sy hebddo. Gŵr cymedrol a chall a
ddywedodd mai melys a gweddus yw marw dros
briod wlad. Gweithred resymol y gellir penderfynu
arni o flaen llaw mewn gwaed oer yw hynny. Ond
peth llwfr a thwp yw mynd i'r felan yn hir er
mwyn gwlad neu iaith . . .

Peth drwg yn wir, mi goeliaf i, yw teimlo'n rhy
ddwys dros eich gwlad. Cariad deallol, ewyllys da

ddiwyro a chyson, ond ewyllys, dyna yw'r gwladgarwch iach a chryf. Ac fe ddylai'r ewyllys honno ymdroi'n weithredoedd, nid yn deimladau. Bu llawer o ddyfalu gan feirniaid llenyddol oblegid na cheir mewn barddoniaeth Gymraeg fawr o ganu i ryfel Owain Glyndŵr. Awgrymais yn fy *Mraslun o Hanes Llenyddiaeth* mai'r rheswm nad oedd llawer o ganu'r gwrthryfel oedd fod y beirdd wrth waith arall, gwaith pwysicach ar y pryd arbennig hwnnw, ac nad oedd ganddynt amser i ganu. Rhaid i mi gydnabod mai gwahanol yw dull beirdd Cymru heddiw. Pan fo Swyddfa Ryfel Lloegr neu'r Swyddfa Awyr yn rheibio daear Cymru ac yn alltudio tyddynwyr a ffermwyr ac yn chwalu cymdeithas, bydd Y Faner a phapurau eraill yn cael eu digon o sonedau a thelynegion dicllon neu delynegion trist yn chwerw ddychanu ac yn chwipio'r gormeswyr anghyfiaith yn ddeifiol odiaeth, neu ynteu'n ffrom alaru alltudiaeth a chwaliad yr hen gymdeithas Gymraeg. ... A gaf i awgrymu i feirdd gwlad Cymru, bob tro y delo iddynt ysfa gref i sgrifennu soned wlatgar neu delyneg i ddychanu'r Swyddfa Ryfel, eu bod yn anfon dwy bunt i Gronfa Gŵyl Ddewi gyntaf neu fynd i brynu dynamit. Ni ddylid dychanu neb yn yr iaith Gymraeg ond y Cymry Cymraeg dylanwadol hynny a eill ac a fyn daro'n ôl – nid rhaid ofni, y mae digon ohonynt.

'Yr angen am fod yn siriol', 1949

63. Heb boeni ormod

Beth, gan hynny, a wnawn ni? Yr unig beth call a dynol: gwneud a fedrwn i amddiffyn a hybu'r iaith a brwydro dros ei hawliau tra byddwn. Heb boeni ormod ai ennill ai colli a wnawn.

'Tranc yr Iaith', 1955

64. Rhy newydd i arwain

Unwaith eto yn ei hanes y mae'r genedl Gymreig ar chwâl heb arweinwyr lleol. Canys y mae'r dosbarth canol Cymreig yn rhy newydd i fagu to o arweinwyr. Ni cheir arweinwyr o blith pobl sydd wrthi'n codi yn y byd ac yn ceisio diogelwch.

'Cwrs y Byd', 1948

65. Rhybudd eto

Nid dim llai na chwyldroad yw adfer yr iaith Gymraeg yng Nghymru. Trwy ddulliau chwyldro yn unig y mae llwyddo. Efallai y dygai'r iaith hunan-lywodraeth yn ei sgil; 'wn i ddim. Mae'r iaith yn bwysicach na hunan-lywodraeth. Yn fy marn i, pe ceid unrhyw fath o hunan-lywodraeth i

Gymru cyn arddel ac arfer yr iaith Gymraeg yn iaith swyddogol yn holl weinyddiad yr awdurdodau lleol yn y rhanbarthau Cymraeg o'n gwlad, ni cheid mohoni'n iaith swyddogol o gwbl, a byddai tranc yr iaith yn gynt nag y bydd ei thranc hi dan Lywodraeth Loegr.

Tynged yr Iaith

66. Camargraff

Eithriad bod neb yn medru darllen yng Nghymru. Tystiodd degau, ar bapur ac ar lwyfan – un, os cywir y papurau, ar lwyfan yr Eisteddfod Genedlaethol – imi broffwydo yn fy narlith radio y byddai'r Gymraeg wedi marw cyn pen deugain mlynedd. Yn awr holl bwrpas fy narlith i oedd cyfrannu at rwystro i hynny ddigwydd. Efallai gan hynny y goddefir imi ddyfynnu fy union eiriau i fy hunan:

Mi ragdybiaf y bydd terfyn ar y Gymraeg yn iaith fyw, OND PARHAU'R TUEDDIAD PRESENNOL, tua dechrau'r unfed ganrif ar hugain, a rhoi bod dynion ar gael yn Ynys Prydain y pryd hynny.

Cais eiddil i newid y tueddiad presennol, cais i wysio fy nghyd-genedl i wynebu'r perygl a'i symud, dyna oedd fy narlith radio i; nid marwnad i'r iaith, ond galwad i gad, i frwydrau politicaidd o'i phlaid.

'Tynged Darlith', 1963

67. Sefwch gyda mi

EMRYS WLEDIG: Bendefig Duw,
Gwinllan a blannodd dyn mewn bryn tra ffrwythlon,
Cloddiodd a phlannodd ynddi'r winwydden orau,
Caeodd o'i chylch a chododd dŵr yn ei chanol,
A rhoes hi i'w fab yn dreftadaeth
I gadw ei enw o genhedlaeth i genhedlaeth.
Ond cenfaint o foch a ruthrodd ar y winllan
Gan dorri ei magwyr i'w mathru a'i phori hi;
Onid iawn yw i'r mab sefyll yn awr yn yr adwy
A galw ei gyfeillion ato,
Fel y caeer y bwlch ac arbed ei etifeddiaeth?
Garmon, Garmon,
Gwinllan a roddwyd i'm gofal yw Cymru fy ngwlad,
I'w thraddodi i'm plant
Ac i blant fy mhlant
Yn dreftadaeth dragwyddol;
Ac wele'r moch yn rhuthro arni i'w maeddu.
Minnau yn awr, galwaf ar fy nghyfeillion,
Cyffredin ac ysgolhaig,
Deuwch ataf i'r adwy,
Sefwch gyda mi yn y bwlch,
Fel y cadwer i'r oesoedd a ddêl y glendid a fu.

Buchedd Garmon

Llyfryddiaeth

Cymerwyd y dyfyniadau o gyfrolau Saunders Lewis fel a ganlyn:

Amlyn ac Amig (Gwasg Aberystwyth, 1940) (30-31, 52)

Ati, Wŷr Ifainc, detholwyd gan Meg Dafydd (Gwasg Prifysgol Cymru ar ran yr Academi Gymreig, 1986) (2, 28, 33-4, 53-6, 62-3, 66)

Blodeuwedd (Gwasg Gee, 1948) (14, 15)

Braslun o Hanes Llenyddiaeth Gymraeg (G.P.C., 1932) (8)

Buchedd Garmon (Gwasg Aberystwyth, 1937) (67)

Canlyn Arthur (Gwasg Aberystwyth, 1938) (9, 16-17, 26)

Ceiriog (Gwasg Aberystwyth, 1929) (36, 42)

Cerddi Saunders Lewis, gol. R. Geraint Gruffydd (G.P.C., 1992) (1, 27, 60-61)

Cymru Fydd (Llyfrau'r Dryw, 1968) (23-4)

Daniel Owen (Gwasg Aberystwyth, 1936) (22, 43)

Doctor er ei Waethaf (Hughes a'i Fab, 1924) (41)

Dramâu'r Parlwr: Branwen a Dwy Briodas Ann (Christopher Davies, 1975) (10)

Excelsior (Christopher Davies, 1980) (18, 25, 49-50)

Gwaed yr Uchelwyr (Y Cwmni Cyhoeddi Addysgol, 1922) (6)

Meistri a'u Crefft, gol. Gwynn ap Gwilym (G.P.C. dros yr Academi Gymreig, 1981) (35, 58-9)

Meistri'r Canrifoedd, gol. R. Geraint Gruffydd (G.P.C., 1973) (8)

Merch Gwern Hywel (Llyfrau'r Dryw, 1964) (13)

Problemau Prifysgol (Llyfrau'r Dryw, 1968) (32, 37, 40)
Siwan a Cherddi Eraill (Llyfrau'r Dryw, [1956]) (45-6)
Tynged yr Iaith (B.B.C., 1962) (65)
Williams Pantycelyn (Foyle, 1927) (11, 21)
Y Cyrnol Chabert a 1938 (Gwasg Dwyfor, 1989) (48)
Ysgrifau Dydd Mercher (Y Clwb Llyfrau Cymraeg,
    1945) (12, 38-9, 57)

Dyfynnwyd hefyd o'r cyfrolau hyn:

Dafydd Ifans, gol., *Annwyl Kate, Annwyl Saunders:
Gohebiaeth 1923-1983* (Llyfrgell Genedlaethol
Cymru, 1992) (19, 51)
Y Llinyn Arian (Urdd Gobaith Cymru, 1947) (5)

Dyfynnwyd o'r papurau a'r cylchgronau hyn
ddarnau nas atgynhyrchwyd mewn llyfrau:

Baner ac Amserau Cymru 17 Mai 1939 (29), 26
    Tachwedd 1947 (44, 47), 29 Rhagfyr 1948 (64)
Empire News 29 Mai 1955 (20)
Taliesin Cyf. 2 (Nadolig 1961) (3-4)